(Conserver la couvert

SECTION I

AVANT-PROJET DE LOI

SUR LE

CONTRAT D'ASSURANCES

RAPPORT DE M. J. PEY

AU NOM DE LA

Chambre syndicale des Propriétés immobilières

DE LA VILLE DE LYON

LYON
IMPRIMERIE DU SALUT PUBLIC
71, Rue Molière, 71
—
1904

SECTION I

AVANT-PROJET DE LOI

SUR LE

CONTRAT D'ASSURANCES

Depuis de nombreuses années, tout le monde se rend compte de la nécessité de plus en plus grande d'un texte précis concernant les contrats d'assurances. Déjà le Code de commerce contient les règles concernant les assurances maritimes, mais en ce qui touche les assurances terrestres il n'y a rien de spécial et la jurisprudence a dû s'inspirer soit des dispositions légales touchant les assurances maritimes, soit surtout des conventions librement (?) consenties entre les assureurs et les assurés.

Un grand pays ne peut rester plus longtemps dans une situation aussi notoirement insuffisante, et dans la plupart des Congrès de la propriété bâtie de France, des vœux ont été manifestés en faveur de l'établissement d'une législation posant les règles générales du contrat d'assurances, règles générales qu'il ne serait loisible ni à l'assureur, ni à l'assuré de transgresser.

C'est en vue de donner satisfaction à ces vœux que le présent avant-projet a été élaboré. Il n'a d'autre prétention que de servir de base à une discussion. Les échanges de vues générales ont été assez nombreux pour que, dans le Congrès de Toulouse, la propriété bâtie puisse essayer de préciser un peu plus ses desiderata. L'examen de l'avant-projet permettra de synthétiser les vœux et de contribuer ainsi à la préparation du projet définitif dont est saisie la Commission extra-parlementaire nommée par le Ministre de la Justice.

La loi sur le contrat d'assurances ne doit pas remplacer la police d'assurances. Le législateur ne doit pas dicter leurs conventions aux parties, paralyser l'initiative individuelle, interdire les stipulations que les parties jugent les plus utiles à leurs intérêts.

La loi à intervenir doit poser les principes fondamentaux de la matière, préciser exactement les clauses contraires au droit et à l'équité, les stipulations léonines et les frapper de nullité.

*
* *

Au point de vue des principes, on a discuté longtemps sur le caractère du contrat d'assurances. Des jurisconsultes très autorisés soutiennent que le contrat d'assurances est un contrat d'indemnité, qui doit avoir pour résultat de réparer complètement le dommage causé par un sinistre, sans enlever à l'assuré tout l'intérêt qu'il peut avoir à ne pas brûler, et que ce contrat ne peut dégénérer en un contrat de lucre ayant pour but de procurer un bénéfice à l'assuré qui serait tenté de mettre lui-même le feu.

Ces jurisconsultes, dont le talent est grand, paraissent excessifs dans leurs appréciations. Sans doute, le bénéfice ne doit pas être le mobile légal du contrat d'assurances. Mais l'assuré ne doit pas non plus envisager une perte.

En fait, si nous nous reportons au Code civil, nous lisons à l'article 1961, ce qui suit :

« Le contrat aléatoire est une convention réciproque dont les effets, quant aux avantages et aux pertes, soit pour toutes les parties, soit pour l'une ou plusieurs d'entre elles, dépendent d'un événement incertain. »

« Tels sont :

« Le contrat d'assurances:

« Le prêt à grosse aventure.

. . . .

Nous nous contenterons de cette définition qui, jusqu'à nouvel ordre, nous semble suffisante.

En fait, il n'y a pas eu de codification proprement dite des dispositions légales relatives aux assurances terrestres. Des usages se sont établis ; une jurisprudence considérable s'est formée ; les clauses que les compagnies se sont mises d'accord pour insérer dans leurs polices, ont servi de base à la jurisprudence qui, en vertu du principe que les conventions font la loi des parties, a consacré à peu près toutes les prétentions des compagnies.

Des jurisconsultes ont pensé qu'il n'y avait qu'à codifier cette jurisprudence pour avoir un corps de doctrine admirable. nous ne le pensons pas.

Les *conventions des parties* auxquelles nous faisons allusion, sont les fameuses polices imprimées en caractères minuscules, que la plupart des assurés n'ont pas pu lire, mais qui les lient, justement d'ailleurs, lorsqu'ils ont signé les polices. Nous devons, au contraire, examiner la jurisprudence, non pour la codifier, mais pour arrêter des textes équitables qui ne permettent plus de trouver des bases à des arrêts que les juges rendent la mort dans l'âme, tenus qu'ils sont par la lettre du contrat imposé par les compagnies.

Innovations principales proposées.

1. Expertise contradictoire du risque avant la conclusion du contrat d'assurances.
2. Assurance possible du profit espéré.
3. Restriction des cas de déchéance.

I

Expertise contradictoire.

Les polices d'assurance ne devraient pas être établies sans un examen contradictoire des objets qu'elles concernent.

Actuellement les compagnies rédigent ces polices sur déclarations de l'assuré ; elles calculent et perçoivent les primes en conséquence. S'il n'y a pas de sinistre, tout va bien. Dans le cas contraire, la valeur de base est contestée et l'assuré qui, pendant dix ans, vingt ans, a religieusement payé ses primes sur une valeur fixe, qui était en droit de compter sur une indemnité égale à la somme sur laquelle il payait ses primes, entend son assureur parler de valeur vénale au moment du sinistre, de valeur amortie par l'usage, la vétusté, etc., de règle proportionnelle, etc.

Bref, l'assureur n'offre souvent, comme indemnité, qu'une somme très réduite, bien inférieure à celle indiquée dans la police.

C'est contre de tels errements que les assurés ont le devoir de protester.

Le contrat d'assurances est comme tout contrat, il nécessite une étude de la part des deux parties, et il ne doit pas être loisible à l'une d'entre elles de se soustraire à cette étude, à cet examen contradictoire, pour pouvoir, plus tard, au moment psychologique du paiement des sinistres, se retrancher derrière la déclaration unilatérale de l'assuré. Déjà la loi belge du 11 juin 1874 mentionne l'expertise préalable :

« Si la valeur assurée, dit l'article 20, § 2 de cette loi, a été préalablement estimée par experts convenus entre les parties, l'assureur ne peut contester cette estimation hors le cas de fraude. »

Voilà qui est net. En cas de sinistre, l'assuré a un point de départ précis. C'est une mesure analogue qui devrait exister dans nos lois. Nous irions même plus loin, l'évaluation contradictoire devrait être la règle pour tous les contrats d'assurances terrestres.

On ne peut rien objecter de sérieux contre cette mesure qui mettrait fin à bien des difficultés irritantes. (Voir l'article 4 proposé.)

II

Assurance possible du profit espéré.

Longtemps, le législateur français s'est refusé à laisser indiquer, parmi les objets susceptibles d'assurances, *le profit espéré*.

Les adversaires de l'introduction du profit espéré s'appuient sur la conception que nous avons signalée au début ; ils disent : le contrat d'assurances est un contrat d'indemnités, ce n'est pas un contrat de bénéfices. — Admettre l'assurance du profit espéré, — c'est donner une prime à l'insouciance, à l'imprévoyance, en poussant à négliger les soins et précautions qu'un assuré moins garanti ne manquerait pas de prendre.

Ecartons d'abord ces dernières considérations, car, au fond, l'assurance ainsi considérée est toujours, quelle qu'elle soit un encouragement à l'insouciance, à l'imprévoyance.

Mais le *profit espéré* n'a-t-il pas une existence suffisante, certaine, au moment du contrat, et cela ne suffit-il pas pour l'admettre à l'assurance ?

Ce *profit espéré* des marchandises, d'un immeuble n'est-il pas légitime, surtout quand, après discussion contradictoire, l'assureur a pu se convaincre qu'il repose sur une opération sérieuse ?

A-t-on jamais contesté la légitimité de l'assurance des récoltes contre la grêle, la gelée, l'inondation, le feu, etc. ? et cependant la valeur de ces récoltes en terre présente un aléa autre que celui d'un profit espéré qui peut être mathématiquement calculé.

Est-ce que les assureurs ne garantissent pas les propriétaires contre le chômage, la perte des loyers ? — Or ces dernières assurances ressemblent singulièrement à l'assurance d'un profit espéré.

D'ailleurs la législation française a admis par la loi du 14 août 1885, que l'assurance maritime pouvait comprendre parmi les objets assurables *le profit esperé*. Les pays concurrents l'admettent depuis longtemps, et il n'est pas possible que la France persiste dans sa réglementation surannée.

A ceux qui craindraient des exagérations de *profit espéré*, nous devons faire remarquer que la soupape de sûreté sera toujours la discussion contradictoire avec l'assureur qui saura bien repousser les chiffres excessifs.

Nous avons fait figurer le *profit espéré* parmi les objets assurables, dans l'article 2 du projet.

III

Restriction des cas de déchéance.

Tout le monde est d'accord pour reconnaître que les polices d'assurances avec leurs fameuses clauses imprimées sont surabondamment pourvues de chausses-trappes entraînant la déchéance.

Les assureurs se retranchent derrière le raisonnement suivant : la police d'assurance est une convention ; les clauses font la loi des parties ; si ces clauses ne conviennent pas, on n'a qu'à ne pas signer.

C'est un raisonnement puéril, inacceptable par des gens sensés, car tout le monde sait que les assureurs, puissamment groupés, exercent un monopole de fait.

Nous sommes d'avis que les cas de déchéance doivent être divisés en deux classes :

Paragraphe 1er. — *a)* Ceux qui vicient tellement le contrat qu'on peut supposer qu'il ne se serait jamais conclu si l'assureur les avait connus.

b) En cas de non paiement de la prime malgré une mise en demeure.

Paragraphe 2. — Le cas où les polices stipulent actuellement la déchéance et qui ne touchent pas d'une manière essentielle à l'objet du contrat. Pour ces cas, tels qu'oublis de déclaration de mutation, de vente, donation, décès, voisinage, etc., formalités diverses.

Pour ces cas-là, il suffira de stipuler le paiement par l'assuré des surprimes éventuelles, avec faculté réciproque de faire cesser le contrat.

Ajoutons que dans tous les cas, sauf ceux prévus à l'article 5, la résiliation du contrat ne prendra effet que quinze jours après un préavis.

———

Voici l'avant-projet proposé :

ARTICLE PREMIER

L'assurance est une convention par laquelle l'assureur prend à sa charge, pour un temps limité, moyennant un prix convenu, les risques résultants de cas fortuits déterminés.

Observations.

La définition doit être générale pour permettre d'envisager non seulement les assurances contre l'incendie, mais aussi celles contre les risques d'eau, de gelée, de grêle, de bris, etc.

Le mot : convention est préférable à contrat, parce que ce dernier ne fait que constater l'existence de la convention qui est vraiment la base envisagée.

ART. 2

Tout contrat d'assurances exige, pour être valable : le consentement et la bonne foi des parties, leur capacité de contracter, un intérêt direct ou indirect à la conser-

vation de la chose assurée, une cause licite, un objet, un risque, un prix.

On peut assurer, outre la valeur vénale d'un objet, les récoltes, les pertes éventuelles pour chômage, vacance, dépréciation; le profit espéré; la solvabilité d'un débiteur.

Obs. — L'énumération contenue dans le paragraphe 2 est énonciative; elle est suffisamment large pour comprendre nombre de genres d'assurances.

ART. 3

Le contrat d'assurances est rédigé par écrit et peut être fait sous signature privée.

Il indique nécessairement :

1º Les nom, prénoms et domicile de l'assuré et de l'assureur, ou la raison sociale et le siège des sociétés ou compagnies, s'il y a lieu.

2º La qualité en laquelle agit l'assuré;

3º La date à laquelle la police est souscrite et le lieu où elle est signée;

4º La désignation des risques assurés;

5º La somme garantie sur chaque nature d'objet;

6º La prime applicable à chaque capital distinct assuré;

7º Le point de départ et la durée de l'assurance;

8º Les assurances antérieures et celles concomitantes, c'est-à-dire en date du même jour, portant sur le même risque, conclues par l'assuré.

Obs. — Quelques auteurs admettent l'assurance possible par un accord verbal. Il paraît plus prudent d'exiger un écrit.

ART. 4

La police d'assurances sera établie d'après les déclarations de l'assuré. L'assureur devra en contrôler l'exactitude et la sincérité; il fera procéder sur les lieux à l'examen des objets à assurer et à la vérification de toutes les circonstances actuelles du risque.

L'établissement des descriptions, énonciations et évaluations à inscrire dans la police sera fait après discussion contradictoire entre l'assureur ou son représentant et l'assuré ou son mandataire.

Mention expresse sera faite dans la police de cette discussion contradictoire.

Les évaluations ainsi faites serviront de bases pour la réparation des dommages.

Obs. — (Voir *Consid. générales*, § 1er).

ART. 5

Toute dissimulation, toute manœuvre faite dans le but de diminuer l'opinion du risque et plus généralement de tromper sciemment l'assureur lors de la rédaction du contrat ou d'un avenant modificatif, annulent le contrat à l'égard de l'assuré.

Les primes et cotisations échues restent acquises à l'assureur.

Le contrat sera également annulé par défaut de paiement des primes ou cotisations quinze jours après une mise en demeure par lettre recommandée adressée par l'assureur à l'assuré.

Obs.— L'annulation s'impose en cas de tromperie consciente de la part de l'assuré.

ART. 6

La police d'assurances indiquera les déclarations à faire par l'assuré ou ses ayants droit pendant le cours du contrat.

L'assureur donnera récépissé de ces déclarations, les fera vérifier et, s'il y a lieu, un avenant modifiera le contrat original. Si l'accord ne se fait pas entre les parties, l'une et l'autre auront la faculté de dénoncer le contrat qui prendra fin après un préavis de quinzaine.

Les primes de la police résiliée seront dues jusqu'au jour où elle prendra fin. Les primes payées pour le temps non couru seront restituées.

Obs. — En cas de désaccord, résiliation du contrat et restitution, le cas échéant, des primes perçues pour le temps non couru.

Art. 7

Si, au cours du contrat, l'assuré pour une cause quelconque n'a pas fait à l'assureur les déclarations prévues par la police, il demeurera redevable envers lui de toute l'augmentation de la prime qu'auraient entraînée les déclarations qu'il n'a pas faites. Cette indemnité sera prescriptible par cinq ans.

Si un sinistre survient sans que l'assuré ait fait à l'assureur les déclarations exigées, ce dernier sera en droit de retenir à l'assuré, sur le montant du sinistre, une part proportionnelle à la différence qu'il y aura entre le taux de la prime payée et le taux qu'aurait dû payer l'assuré, s'il avait fait les déclarations à sa charge.

Obs. — Cet article a pour but de supprimer la déchéance trop souvent invoquée aujourd'hui par les assureurs, pour des causes qui, en fait, ne vicient pas la convention.

Art. 8

Lorsque l'assurance porte sur des objets sujets à varier dans leur valeur (tels que : marchandises, mobilier industriel, récoltes, etc.), l'assureur aura le droit, au cours du contrat, de demander, une fois par an, une vérification des objets assurés ; si la valeur assurée est réduite, il pourra mettre l'assuré en demeure d'opter entre une réduction du montant de l'assurance et une résiliation pure et simple de la police.

L'assuré jouira de la même faculté et pourra, en tout temps avant l'expiration de la police, exiger, une fois par an, la réduction de l'assurance, ou, à défaut, la résiliation du contrat.

La résiliation, si elle a lieu, aura son effet quinze jours après un préavis donné par écrit ; aucune indemnité ne sera due de part ni d'autre. Toutefois, les primes de la police résiliée seront dues jusqu'au jour où elle prendra fin. Les primes payées pour le temps non couru seront restituées.

Obs. — Il semble, qu'en fixant, à une fois par an, le droit de modifier les polices, on sauvegarde les droits de l'assuré et de l'assureur.

ART. 9

En cas de sinistre, l'assureur et l'assuré auront la faculté de résilier la ou les polices en cours. La résiliation produira son effet quinze jours après le préavis donné par la partie la plus diligente.

Obs. — L'essentiel est de laisser à l'assuré le temps de se retourner et de contracter une nouvelle assurance.

ART. 10

L'assureur ne pourra jamais se prévaloir de l'inobservation des règlements administratifs par l'assuré ou les personnes qui en dépendent, pour se refuser au paiement de l'indemnité. Il en serait autrement si la faute intentionnelle de l'assuré était prouvée par une condamnation correctionnelle à la prison.

Obs. — Une série de règlements prescrivant souvent des mesures tombées en désuétude peuvent donner lieu à des contraventions, à des amendes, et même à des poursuites correctionnelles. Il importe que ces sanctions administratives ne soient pas aggravées par des déchéances stipulées par les assureurs.

ART. 11

L'assurance peut être faite pour la totalité ou pour une partie seulement de la valeur des objets en risque. Si la police est explicite sur ce point, l'assureur devra, en cas de sinistre, indemniser l'assuré jusqu'à concurrence de la somme garantie, sans mettre une part de la perte à la charge de l'assuré.

Obs.— Cet article a pour objet de réduire le champ d'action de la règle proportionnelle.

ART. 12

Si un risque est couvert par plusieurs assurances, la perte, soit totale, soit partielle, se répartit entre les diverses assurances de même date, dans la proportion des sommes assurées par chacune ; si les diverses assurances sont de dates différentes, elles répondent du dommage dans l'ordre de la date des contrats.

Obs.— C'est un ordre de responsabilité qui découle du droit commun mais qu'il est bon de rappeler.

ART. 13

Dans tous les cas où le contrat aurait stipulé, pour un motif quelconque, une suspension des effets de l'assu- rance, cette clause ne pourra avoir d'effet, nonobstant toute disposition contraire, qu'à la condition, pour l'assureur, d'avoir, au préalable, mis l'assuré en demeure de se conformer à ses engagements.

Obs. — Cet article est une garantie pour l'assuré qui ignore souvent que son assurance est suspendue.

ART. 14

Tout assureur a pour le paiement des primes ou cotisations dues par l'assuré, un privilège classé immédiatement après celui des frais de justice (article 2101 du Code civil).

Ce privilège n'est valable que pour une annuité de primes
ou de cotisations.

Obs. — Ce privilège paraît juste puisque l'assureur coopère à la con-
servation des biens de la masse.

Art. 15

En cas de décès de l'assuré, le contrat se continue entre
l'assureur et les ayants droit de l'assuré.

Il en est de même en cas d'aliénation de la chose assurée,
le contrat continue entre l'assureur et le nouveau proprié-
taire.

Obs. — Cet article ne fait que consacrer l'usage répandu !par les
assureurs, qui imposent au successeur d'un assuré l'obligation de prendre la suite du contrat.

Art. 16

Le contrat d'assurances prend fin soit en vertu des con-
ditions qui y sont prévues, soit par expiration de durée.

Dans ce dernier cas, et nonobstant toute clause contraire,
la tacite reconduction si elle y est prévue, n'a d'effet que pour
un an.

Obs. — Lé paragraphe 2 a pour objet de faire cesser les tacites
reconductions « *pour la même période* » (soit dix ans).

Art. 17

Toute action dérivant d'une police d'assurances est prescrite
après trois ans à compter de l'événement qui y donne ouverture.

Obs. — La prescription en matière d'assurances maritimes est de
cinq ans. Trois ans paraissent suffisants pour les assurances terrestres.

Disposition transitoire

Art. 18

Les contrats en cours qui auront encore une durée supérieure à quatre années comptées à partir de la promulgation de la présente loi, seront considérés comme prenant fin à l'expiration des quatre années, sans qu'il soit besoin d'une notification quelconque.

Obs. — Cette disposition paraît de nature à sauvegarder les intérêts des assureurs qui ont en mains des contrats de dix ans.

Rapport présenté

Au nom de la Chambre syndicale des propriétés immobilières

De la ville de Lyon

PAR M. J. PEY

Membre du Conseil d'administration, Secrétaire de l'Union des Chambres syndicales Lyonnaises

Lyon, le 14 mai 1904.